AF571022

Seeleninversion

Herstellung und Verlag:
BoD – Books on Demand, Norderstedt
ISBN: 978-3-7528-3218-1

Im Grunde ist der Gedanke schon abgeschlossen weil sie keinen Regeln unterliegen. Was bleibt sind nur Kondensstreifen die langsam verblassen. Nichts mit dem Abgeschlossenen zu tun.

Seelensprache des Seelenliedguts

Die seidene Fliege

Diese nervige Folge
1000 Fliegen habe ich bereits getötet
in der Küche
Eigentlich töte ich keine Tiere
Aber diese Fliegen…

Es ist wirklich eine nervige Folge
Die eine Fliege kontaminiert alles
Diese eine Fliege?
Die, die beiden jagen?

Eine Metapher für das Leben?
Lästige Fliegenplage überkommt uns
Ist total nervig und belastend aber geht vorbei
Nichts ist für immer da

Außer die Liebe, die sich stärkt durch jede Belastung von 1000 Fliegen von 1000 Kriegen.
Es geht nicht anders, wer wandet ist angreifbar.

Doch nur wer den Angriff gut überlebt und daraus lernt, es sogar positiv verarbeitet, wird das Himmelreich finden und wandelt sich in Seide.
Die Fliege ist tot und die Seide Geschmeide

Die Freude der Tränen

Es tut so gut bei dir zu weinen
Es tut so gut durch dich zu scheinen
Tausend neue Samen keimen
Lässt du mich einfach nur mal weinen

Die Träne füllt die neue Saat

Vielleicht ist es die angegebene Stärke die den Weg zu neuen Aufgaben ebnet
Schwer böse Last ist da am Werke

Die Macher in uns

Der Macher macht mich
Der Macher lacht mich
Der Macher ist nichts

Der Macher stirbt nicht
Der Macher verdirbt mich
Der Macher ist nichts

Mein Hass ist Liebe
Falsche Triebe

Die ⑬

Die Liebe ist das Kind der Freiheit
Die Wahrheit, sie beginnt zu zweit
Das Glück aus deiner Seele schreit
Nimmt sie durch meine das Geleit

Was mein ist, ist auch dein
Halt mich nicht fest, sei nicht gemein
Ich werde immer bei dir sein
Lässt du mich frei, sperrst mich nicht ein

So soll es sein, so ist es fein
Nichts an dir ist mein
Nichts an mir ist dein
Niemals auseinander sein

Die Frage ist nur 111i3 man ihn trägt

98Air

Eifersucht als Zeichen der Liebe
Einmaliges Seelchen im Universum
Hellen Glanz treibt die Triebe
Alles Reden bleibt stumm, sei´s drum

Hellen Glanz

Nur dir, nur dir verdanke ich das alles, niemals werde ich das gehen lassen, was du mir gibst, mir gabst und geben wirst.

Niemals kann ich gehen lassen, was nicht gehen kann.

Bloodspit ▼

Was bringt es nur was bringt es nun
Die wenige Zeit die man hat zu vergeuden im Streit?

Der Baum ist gesät der Mann war zu schwarz.

Jetzt starb er allein, der Streit trennt zu zweit, am Baum hängt der Harz

Autobahn fährt nach links

Sie fahren nicht viel besser als ich
Sie fahren nicht viel schlechter
Ich bin wie du &
Du bist wie ich
Gemeinsam sind wir
ICH

Der leuchtende Dolch
Regenbogenfarbener Drache

Eine Macht die in uns innewohnt und alles auf den rechten Weg lenkt

Diese Nacht ist grün und ist immer wieder da

♥ Call of the Void

Ich nehme es an, die Dunkelheit
Der Wind beschützt seine Besitzerin
Das Gefühl hat seine Berechtigung
Hindert der Hund die böse Tat

Französische Gitarrenkunde

& eine LP mein Künstler

Deine Auslegung ist der Schlüssel meiner, deine Wut ist meine Zurückhaltung, deine Glut ist mein Feuer. Deine Offenheit ist mir verschlossen.

Die Hälfte von Sex sind Träume und Träume sind...

Strahlend vorkommende Pain
Hat nur nen Gedanken gestreift
Gegenseitigkeit
Die vorüber geht

Zapalkallumette

Müll aufsammeln muss man auch
Um zu finden grünen Strauch
Bleibt auch niemals nie dann aus
Grün und Müll im gleichen Lauf

Steinschmeißkäfer

Du bist wunderschön wie du bist
Außergewöhnlich vielleicht
Jedoch liebe ich dich vielleicht so wie du bist,
alles andere immer gleich

Ihr seid alle nur Fix

¤≈∫?

Was sagst du da, sag das nicht
Das, was du sagst, ist nicht das Licht
Was du auch bist, was aus dir spricht
Keines Menschen gleich, du kleiner Wicht

Sag das nicht, sprich nicht zu mir
Was du bist gehört nicht dir
Ich bin alles, du nur eine Zier
Es gibt nur mich, niemals ein wir

So dank ich dir und das ist gut
Aus deinem Feuer meine Glut
Was ich bin, das ist der Sud
Nicht erkennend mein eigen Blut

Ich bin doch groß
Drum mach mich klein
Ich darf doch leben?
Komm lass mich sein

Ich bin so anders
Ich bin wie ihr
Auch jeder Vers
Gehört zu mir

Ich bin ihr

Wir

N

Am Ende ist es nur ein... 

Und es ist doch egal
Be samble like ragazze
Changes on da Me
Switch off your brain

Das Ende bleibt gleich
Stark ist einfach und weich
Nur daraus entsteht der Laich
Glück schwamm in dem Teich

Damit der Spind nicht wackelt wo die Schaun ston, kommt dann wie von selbst. Das ist das Einzige und das Beste um glücklich zu sein. Einfach & fein

Das ist Liebe - Innige Liebe ♥

Dies ist Liebe

Die innige Liebe
Ein Handzeichen bekommen
Neu und verglommen
Niemals geronnen

Jeden Tag neu
Jeden Augenblick ein Ahoi
Jeden Moment full of Joy

Bedingungslos

Die Liebe soll zu dir führen
Nicht dich vermissen
Du sollst sie jetzt guten Gewissens spüren
Anstatt sie zu vermissen
Sie ist immer da &
Soll dich bereichern,
Egal wo du bist oder was du tust
Bedingungslos

Auserwählter

Du kannst alles haben
Alles was du willst
Du hast unglaubliche Macht
Auserwählter

Moralitätsrate

Befreie dich von allem
Wer nichts zu verlieren hat, ist frei

Freiheit hat auch kein Verlangen
Wer nicht greift, ist nicht gefangen
Vom Verlangen weggegangen

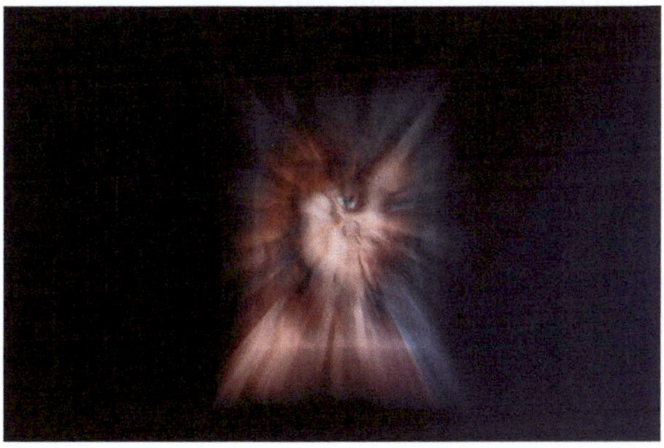

"Wirrwarr\n\n\n\in

Der Tod ist ein wunderbarer Gast
Ich warte auf ihn mein ganzes Leben
Solange er nicht kommt, zum Zeitvertreib leb ich einfach
und bescheiden vor mich hin ohne Sinn und Zweck,
hätte es keinen
Traurig zu verweilen

Wer will sich denn immer eilen
Es ist das, was du willst, was du nicht wollen solltest,
wolltest du das was du nicht willst, bekommst du es.
Kriegst du nie genug.
Konzentriere dich gerne in die Ferne
Das Nahe kommt zu, willst du es
Bubu de du, im Nu hinzu

Seeleninvertierung

Seelenleben Seelenreise
Dieser Fluss bewegt sich weiter
Er nimmt alles mit, alles verändert sich
Das Wasser des Lebens verändert sich
Der Fluss zieht alles mit sich

Vigro Superhaufen

Ich bin ein anderer Mensch
Ich bin eine Wand
Keiner kommt mir ran
Ich wünsche die Roboter
Kein Gespräch für Niemand
Ich teile es nicht aus
Kann nicht in es sein
Am liebsten bin ich zu Haus
Ich bin so gern in mir daheim
Sonnenstrahlen elektrisieren
Seiner selbst in der Stärke
Expandieren
Es bleibt nichts anderes uns übrig
Als die Igelgeburt rückgängig zu machen

Manchmal sehe ich was und beschreibe das
Aufgeschlossen ist das Tor
Ironischerweise verstehen
Umkehrung Invertierung Konvertierung in uns selbst
In allen Wölfen ist ein Schönster von allen im verborgenen Gedicht
Der kleine Wicht
Eine Brücke fällt die Gedanken
Falsche Bescheidenheit in den Schranken
Spürte unter dem Fuße immer das Wanken
Wurde im Leben zum Zanken
Doch als er begann zu tanken
Das Goldene kam in seine Pranken
Trennte das Gute vom Kranken
Man kann Gott nur danken

Was des Teufels Brunst nun erfüllt,
Ist am End
in Seid gehüllt
Ein strahlender Anfang in der Wende er wohnt,
hat es sich am Ende nun doch noch gelohnt

Verschlossenheit in sich verschließt uns so gern, verschlossen und in sich ist einer auch ein Stern, er strahlt und er glitzert weit in der Fern, ich hab ihn von Nahem nicht so gern

Sie gleitet auf dem Licht der Zufriedenheit empor, unter der Dunkelheit sie fror.
Doch nun durch die Einsicht gesegnet, tanzt sie, wenn immer es regnet

Goodbye X hello Y

█ ich dir ein Bändchen knüpfen
Oder in die Kiste █
Nimm das Bild zur Inspiration
Nichts anderes ist █ Lohn
Köpfe wandern schnell vorbei
Ist doch nur █ Einheitsbrei
Das wahre Wort schallt hinterm Baum
█ andere ist ein Traum
Es hat keinen █, Sinn hat es viel
Alles nur ein eigner Stil
Bilder sind tot und viel zu viel
Schönerleben ist was selbst █

Je suis un homme

Bon excuse moi neva

Ich freue mich der Angst

Du bist beinhaltet in den Gedanken der anderen

Schau dir die unerledigten Aufgaben an und freue dich sehr denn wenn alles erledigt wäre, wäre es sehr langweilig, wäre es doch

Doctor doctor please

Die Aufrechterhaltung dysfunktionaler Gedankenmuster und die Rationalisierung dieser führen im Kontext mit dem Verlust positiver Verstärker zu einer falschen Sichtweise der Realität - einer Illusion. Somit ist eine kognitive Flexibilität nötig um wieder funktionale Gedankenmuster zu knüpfen *nicht im Großen, sondern auf das kleinere System schauend* um die Nützlichkeit dieser wahrzunehmen damit das kleinere System im größeren, sich selbst zufriedenstellend, funktioniert. Wenn die Kontrollillusion aufgegeben wird und man durch Bedürfnisbefriedigung zurück ins Leben wächst, stirbt die Illusion, was letzten Endes nichts anderes ist, als ein Phantasiekonstrukt, wie dieser Text hier. Zur dauerhaften Ausprägung der funktionalen Gedankenmuster ist der Vorgang so lange zu wiederholen, bis sich ein neues Konstrukt manifestiert hat.

Klapperstrauß

Der Mann, der keiner sein darf
Isst sich selbst auf verfaulend
Kann nicht tanzend vergraulen
Melancholische Gesänge so brav
Verlebte den Gedanken
Sei wie klappernder Strauß
Die Krankheit bringt dir die Erkenntnis
Wie es ist, wenn es nicht mehr ist
Die Gelassenheit bringt dir das Glück es zu erkennen dass du es \"sein\" lassen sollst - Deine Juwelen bringen dir die Sicherheit Unsicherheit als nicht gegeben zu erkennen
Keine Angst vor Veränderung, breche deine Routine, nimm den anderen Weg
Die Dinge annehmen und darüber lachen, gut gelaunt sein trotz Wirrwarr, wie auch diese Texte hier
Verschwende deine Stunden
mit Glück

Leichenlaich

Die Leiche leicht den Laich
Die Stunden vergehen
Guck die Uhr, sie bleibt nicht stehen
Das Leben schwimmt den Teich
Zu viel denken macht uns weich
Den Sinn sehen
Die Ewigkeit wird nicht geschehen
Am Ende sind wir alle gleich
Die Leiche gleicht dem Laich
Die Stunde ist nicht gut für nichts
Nutze deine Stunde
Trag ihr Glück zu Grunde
Glück soll drin bestehen
Aufrecht und erfüllt zu gehen
In der Stunde Sieben
Ist man hoch zufrieden
Wenn wir es nicht sehen
Mit Händen wird es geschehen

Endosperm

Ich wünsche mir, nur das Beste dir
Ich wünsche ihr, sie sei nicht gemein
Zu dir, so soll's nicht sein
Und trenne sie vom Weizenkeim
So ist es fein

Ich wünsche ihr, nur das Beste mir
Ich wünsche mir, sie sei nicht gemein
Zu mir, so soll's nicht sein
Und trenne mich vom Weizenkeim
So ist es fein

Ich wünsche dir, nur das Beste ihr
Ich wünsche dir, sie sei nicht gemein
Zu ihr, so soll's nicht sein
Und trenne dich vom Weizenkeim
So ist es fein

Kältezeit

Wunderbare Kältezeit
Es ist so schön zu wandern in dir
Alles fror in kalter Nacht
Es knacken die Gräser vor blasser Ehrfurcht

"Wirrwarr\n\n\n\in 2

}F\n\nAkzeptier dich wie du bist \u0027\nFreue dich auf den nächsten Moment\n\nDer Kick \n\nWofür lohnt es sich zu leben und zu kämpfen, emanzipier dich, mach dich emotional schwingungsfähig \n\nNicht immer nur schnell schnell noi make a\n Celebration Generation"

}Prolog des Kriegerdenkmals:

Als der Krieger nach langer, grauer Reise zum Steinernen kam und nichts fragte, antwortete dieser:

Du kannst dir nicht vorstellen wie gut du es hast- tu es jetzt
Du kannst dir nicht vorstellen wie selbstbewusst du auf andere wirkst - tu es
Du kannst dir nicht vorstellen was du alles bekommst - nimm es
Es ist alles, es ist alles dein
Du musst es nur tun
Du kannst dir vorstellen was für eine Ausstrahlung du hast- sieh sie
Du hast so ein verdammtes Glück - fühle es.
Du bist ein Goldkind. Du bist jetzt und in alle Ewigkeit.

Danke, für deine Worte, antwortete der Krieger: Was genau soll ich da tun?

Ganz einfach: Gar nicht so viel, einfach nicht so oft anlehnen, nicht scheuen zu fragen und danach schön und spät nach Hause kommen. Werde dir deiner Selbstbewusst. Werte dich hoch und überlege mal wo du schon überall warst und wenn es dir nicht bewusst ist, schau dir sie an, die alten Bücher. Es ist schön, es war schön und es wird auch immer so bleiben. Wir wollen niemals aufgeben:
Warum denn auch?!?

Der Tisch

Akzeptiert es so wie es is, egal wie es is, rede am Ende des Anfangs, mach das was du machst richtig mit Herz, du bist jetzt hier und nicht woanders

Du kannst die Gefühle von jetzt nicht in einen anderen Tag tragen Leider und zum Glück

Sagen wir so: du kannst durch dauerhafte positive Gefühle deine Gefühlswelt ändern, du kannst ein aktuelles Gefühl jedoch nicht so wie es ist konservieren und zu einem späteren Zeitpunkt wieder auspacken

Lebens Phrasen

Es sind so Phasen
Die man aufbauen muss
Immer weiter, nie verzagen
Denn genauso wie sie gut aufgebaut
Werden sie schlecht aufgebaut
Immer weiter, ohne Verzagen
Du bist viel zu mächtig um dich schlecht zu fühlen
DU BIST VIEL ZU LUSTIG UM NICHT ZU LACHEN
Du bist zu wahr um schön zu sein

Thinkabells Feelingsblockade

Der neue Gedanke durchdringt den alten und der stribt
Stirb und werde
Egal wie du auch warst du stirbst damit du wirst

Wenn es was erschaffen soll, dann nur stirb und werde, anderenfalls wird gefischt im Trüben, was (vermeintlich) strahlend scheint, aber (in Wirklich) stets verneint, ist niemals vereint.

Die essentielle Freiheit

Ich fühle mich hier gerade total wohl
Es ist warm, ein Buch und eine Tasse Tee
Das ist die absolute essentielle Freiheit

Es ist wie es ist
Und so ist es gut
So wie du bist
Feuer die Glut

Akzeptiere dich selbst
Das ist der Sinn
Sonst ist der größte Feind
Mitten in dir drin

Es bleibt nicht wie es bleibt
Eines Tages wird es zu Ende gehen
Drum sei auch gescheit
Und fang an zu sehen

Seelenausgleich

Segel ich hin und her, nichts ist gleich im Wellengang, nichts wiederholt sich nie, immer anders, immer schön, immer anders schön

IMMER ANDERS schöne Seele

Seelen in Version

Leidenschaft

Hinter der Angst ist dein Genuss
Radikale Selbstvergebung
Selbstbewusst ist wie man will
Singen, Tanzen, Lachen
Man muss sein wie wil de Bill
Lass es immer krachen!

Immer mehr & jeden Tag
Hör was ich sag!

Keine Bücher kaufen sondern lesen
Jeden Tag
Handy weg und nicht früh schlafen
Jeden Tag
Früh aufstehen und Sport machen
Jeden Tag

Nun hör doch was ich sag!

Ohnmacht

Wir sind nicht alleine mächtig
Wir teilen was unsere Ohnmacht
Sehen was es mit uns macht
Und lachen sie aus
Applaus für uns
Hinz & Kunz

Outro ▼▼▼

Die Goldene Schleife

Part I

Alles Gute wünsch ich dir
Hell is empty and all the devils are here
Am Ende ist leiden nur ein Nichtverstehen
Glücklich wird der Wolf neben dir gehen
Die Verbindung der Menschen hat ihren Wert
Wahr, notwendig und freundlich ist dein Schwert
All die Energie kommt zu dir zurück
Es gibt keine Entschuldigungen für dich, mein bestes Stück
Emotional intelligent ist wer mit Enten tanzt
In der tiefen Natur ist so viel Verständnis verschanzt
Schön ist die Welt im glücklichen Auge
Selbstliebe ist pure Liebe und der wichtigste Glaube
Der Zweifel zerstörte noch jeden der Träume
Vertraue der Selbst, tritt in neue Räume
Zeig was du fühlst, bekomm was du liebst
Lieb dich nur selbst, egal was du gibst

Goldene Schleife Part II

Morgen ist ein guter Tag, das sag ich mir immer
Die beste Zeit des Lebens ist jetzt und wird niemals schlimmer
Du bist die Medizin für diese Welt
Du bist der Krieger der allen gefällt
Nach dunkler Finsternis kommt immer ein helles Licht
Positiv hineinschauen ist deine Pflicht
Es geht darum dass Liebe gedeiht
Gefühle sind auch nur Besucher und nicht ewig Geleit
Sei nicht was du möchtest, sei nur wer du bist
Liebe in dir selbst ist Liebe im Außen, das ist die List
Deine Stärke ist dass kein anderer so ist wie du
Lass es geschehen, es passiert im Nu
Du bist der Anfang und das Ende
Mit dir fällt die Welt
Drum tu immer nur das
Was dir nur gefällt

Lebt wohl meine Freunde
Ihr habt es verdient

Das war´s meine Liebe
Jetzt geh raus
und lebe

(deine Seele)